o cerrado

Texto e Ilustrações
Rubens Matuck

São Paulo - 2011

Copyright © Rubens Matuck

2ª edição - 2011

Texto e Ilustrações
Rubens Matuck

Capa e Projeto Gráfico
Casa Rex

Revisão
Waltair Martão

Coordenação Editorial
Editora Biruta

Dados Internacionais de Catalogação na Publicação (CIP)
(Câmara Brasileira do Livro, SP, Brasil)

Matuck, Rubens
    O Cerrado / Rubens Matuck. — São Paulo: Biruta, 2010.

    ISBN 978-85-7848-008-0

    1. Cerrado – Literatura infantojuvenil
    I. Título

08-05921   CDD - 028.5

Índices para catálogo sistemático:
1. Cerrado: Literatura infantojuvenil   028.5
2. Cerrado: Literatura juvenil   028.5

Edição em conformidade com o acordo
ortográfico da língua portuguesa.

Todos os direitos desta edição reservados à
Editora Biruta Ltda
Rua Coronel José Euzébio, 95 – Vila Casa 100-5
Higienópolis – CEP 01239-030
São Paulo – SP – Brasil
Tel (11) 3081-5739 Fax (11) 3081-5741
E-mail biruta@editorabiruta.com.br
Site www.editorabiruta.com.br

A reprodução de qualquer parte desta obra é ilegal e configura uma apropriação
indevida dos direitos intelectuais e patrimoniais do autor.

Grande parte do território brasileiro é coberto pelo Cerrado.

Uma de suas características principais são as árvores retorcidas que, na estação da seca, perdem suas folhas.
Um habitante comum desse ecossistema é a coruja-buraqueira, que costuma fazer do cupinzeiro sua torre de vigia.
Dali, ela observa os inimigos e também os pequenos animais que vai caçar e comer.

É natural que o tempo seco cause incêndios no cerrado.
O fogo se alastra rapidamente,
consumindo a vegetação ressequida.

Os animais fogem apavorados, muitos deles com a ajuda dos mesmos meios que lhes permitem buscar alimentos a grandes distâncias: as pernas longas e resistentes.

Quando o fogo se extingue, deixando tudo queimado, a catuaba, como por encanto, se abre em flores.

Parece que é justamente o calor do fogo que apressa o ciclo de vida desse vegetal.

Com as primeiras chuvas, as plantas começam a brotar e, com o verde, voltam também o lobo-guará, os veados, os insetos, as cobras e os pássaros.

O tatu-galinha escava a sua toca no barro mole. Quando for abandonada, outro animal, com certeza, aproveitará seu trabalho e ocupará aquela morada.

O tamanduá-bandeira abre uma fenda no cupinzeiro com suas unhas poderosas e usa sua língua comprida para buscar cupins, seu alimento preferido.

As saúvas, por sua vez, atacam o ipê.

Uma noite é o suficiente para que elas cortem todas as folhas da árvore e as levem para o formigueiro, onde serão transformadas em substâncias que alimentam as formigas e as próprias raízes do ipê.

Outra característica do Cerrado são as veredas de buritis. Essas palmeiras crescem nos varjões onde o solo é úmido.

Lá, as araras-canindé se alimentam dos cocos do buriti, e o cervo adora pastar naquela região.

Em plena estação chuvosa, o Cerrado se transforma: o capim cresce verde e as árvores se enchem de frutos.

Esta árvore cheia de curvas é conhecida popularmente por pau-santo. Aqui podemos vê-la na época da seca.

No Cerrado há diversos animais, como o sabiá, visto principalmente em campos abertos.

O pacífico tamanduá-bandeira segue seu olfato, até que para e começa a cavar, estica sua língua grudenta para pegar formigas e cupins.

A flor avermelhada da imagem é da árvore xixá. O seu fruto tem um sabor doce muito atraente. É muito procurado pelos macacos.

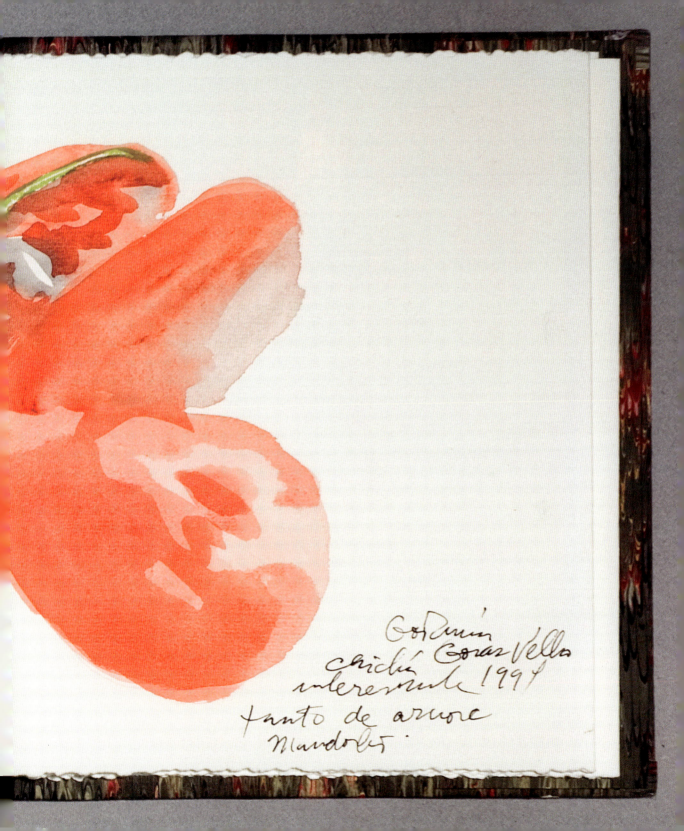

Gordmín
chichi Gonas Vella 1994
interessante
tanto de amore
Mandorla

A lobeira ou fruta-de-lobo é um alimento essencial para o lobo-guará, porque suas propriedades evitam que parasitas ataquem seus rins.

As folhas verdes da fruta-de-lobo são grandes, sinuosas e possuem pelos.

No Cerrado há grande diversidade de flores, ricas em cores e formas, como a flor da fruta-de-lobo que é lilás e amarela.

As sementes do Cerrado são variadas em tamanho e forma. Parte delas se propaga pelo vento como a sâmara. Aqui vemos sementes das árvores sacambu, xixá e cabreúva.

Texto e Ilustrações
Rubens Matuck
o cerrado
guia do viajante

BIRUTA

Quando viajo, levo uma mala composta de coisas que normalmente necessito em ocasiões assim.

Essa mala contém, por exemplo, remédios que toda pessoa sabe que precisa. No meu caso, aspirina, para gripes e resfriados.

Geralmente viajo a trabalho ou sou convidado. Assim que recebo a incumbência ou o convite, penso na maleta.

Primeiro de tudo, ela tem que ser um pouco resistente e impermeável, pois, às vezes, eu viajo de barco e toda a bagagem pode se molhar com a simples passagem de uma lancha em alta velocidade pelo rio.

O seu conteúdo é pensado cuidadosamente:

1. Remédios;

2. Material de primeiros socorros, como esparadrapo, antissépticos e gaze;

3. Toalhas de papel;

4. No meu caso, míope desde pequeno, um ou dois óculos extras. Certa vez caí no Rio Amônia, no Acre, e perdi os óculos no leito do rio, mas, felizmente, tinha um de reserva;

5. Binóculo, para ver pássaros a distância e estrelas à noite;

6. Por falar em estrelas, levo um mapa celeste, pois adoro ver as constelações, imaginando o que elas representam nas diversas culturas;

7. Caderno de viagem, pois costumo anotar tudo, como detalhes de flores, paisagens e as conversas das pessoas dos lugares que visito;

8. Uma caneta e uma pequena caixa de aquarela especial para viagens;

9. Uma pequena caixa de CDs vazia para guardar folhas secas que encontro pelo caminho;

10. Caixas de plástico para coletar sementes de toda espécie;

11. Sacos de lixo.

Os itens têm a ver com a personalidade de cada pessoa e com o que ela gosta de fazer na viagem. Você deve levar em conta a sua personalidade e imaginação na hora de fazer a mala de viagem.

Alguns cuidados mínimos têm de ser tomados quando se faz esse tipo de viagem, de contato com a natureza.

Sempre aprecie e sinta os perfumes, olhe as paisagens e as cores das viagens. Esses detalhes contribuem para que nos tornemos mais humanos, respeitando a natureza e as outras pessoas.

Respeite os ninhos dos animais como se fossem a sua própria casa.

Deixe os rios limpos, recolhendo o seu próprio lixo num pequeno saco, que você leva de volta ao hotel ou aonde estiver hospedado.

Tenha respeito pelos companheiros de viagem.

A jornada pode ter momentos tensos e, quanto mais calmo você ficar, mais vai ajudar o grupo nessas situações.

Procure sempre andar em companhia de pessoas que conheçam o lugar e sejam de confiança.

Respeitar as pessoas do lugar é respeitar a si mesmo. Podem nascer inesperadamente grandes amizades nesse tipo de viagem.

Cada região deste país em que vivemos apresenta coisas que só lá acontecem. Cada região tem os seus próprios animais e plantas, que a tornam notável e curiosa aos nossos olhos.

Sempre que puder, conheça uma pessoa de mais idade que saiba a história do lugar. Com isso, você pode ter surpresas incríveis.

Eu acho que viajar é um dos grandes prazeres do ser humano. Conhecer os lugares e fazer uma viagem agradável nos faz muito bem.

Rubens Matuck é artista plástico, escultor, escritor e faz desenho gráfico. É autor de mais de trinta livros infantis e em quinze deles cuidou não só das ilustrações como também do texto.
A fauna e a flora brasileira são os temas destes livros. Publicou pela Editora Biruta os títulos da série Natureza Brasileira sobre animais em extinção e as regiões do país. *O Lobo-guará*, *A Baleia-corcunda*, *O Beija-flor-de-topete* e *A Ararajuba* receberam o Prêmio Altamente Recomendável da Fundação Nacional do Livro Infantil e Juvenil (FNLIJ) em 2004. Sobre as regiões brasileiras foram publicados cinco títulos pela Editora Biruta: *A Caatinga*, *O Pantanal*, *A Amazônia*, *O Cerrado* e *A Mata Atlântica*.
Rubens Matuck recebeu prêmios como o Jabuti de Melhor Ilustração de Livro Infantil em 1993 e o Salon du Livre de Jeunesse (Paris, 1992).